눈물 밥 한숨 잉걸

심지시선 002

눈물 밥 한숨 잉걸

2008년 11월 17일 초판 1쇄 발행

지은이 김경훈
펴낸이 윤영진
편 집 함순례
디자인 한천규 이경훈
펴낸곳 도서출판 심지
등록 제 253호
주소 300-812 대전광역시 동구 삼성동 125-2 4층
전화 042 635 9942
팩스 042 635 9941
전자우편 simji42@hanmail.net

ISBN 978-89-91109-58-2 03810

* 이 시집은 제주문예진흥기금에서 일부 지원을 받았습니다.

심지시선 002

눈물 밥 한숨 잉걸

김경훈 시집

심지

©강순희

김훈

□ 시인의 말

두 번의 췌장염 입원을 거치면서 나는,
제발 살려달라고,
그러면 '간세' 하지 않고 죽어라 쓰겠노라,
그렇게 영령들께 빌었다.

아, 얼마나 많은 사람들이 삶과 죽음의 경계에서 고통을 당했을까.
또한 지금도 얼마만한 고통 속에서 살고 있을까.

제주4 · 3을 어떤 이는 '死 · 삶' 이라고 한다.
제주4 · 3의 죽임과 죽음의 이야기에 이어
이제 삶의 이야기를 전한다.
이 시집은 그 고통을 딛고 살아남은 사람들의 이야기이다.

'죽이는 이야기' 가 나의 작품에서 다시 한 번 죽어간 경우라면,

'살아남은 이야기' 는 나의 작품을 통해 되살아오는,
새 생명을 부여하는 작업이다.

써야할 것들이 더욱 많아졌다,
또 아프기 전에.

2008년 11월

김경훈

차례

제3부

제4부

제1부

김도화 할머니

"여기, 호미 모양으로 꺾어진 밭담굽에 분명히 이실 건디……"

선흘리 도틀굴 옆에 묻힌 동생을 찾아 나서는데
한 시간 이상을 뒤져도 도저히 찾지를 못했다

가시나무 잡목들이 우거진 곶자왈에 육십 년 동안 버려진 동생은
끝내 자신의 존재를 드러내지 않았다

"그냥, 어신 걸로 해불주……"

할머니의 눈가가 회한으로 붉게 물들었다
돌아서서 금방 눈물을 쏟을 것 같다
이미 열 번도 더 했을 말을 또 한다

"거기, 밭담굽에 이실 건디 암만해도 못 촞으키여게."

이제 고운 얼굴로 도올라 환생하려네

— 진아영 할머니의 영전에 바침*

무명천 풀고
오늘 여기 누웠네
멍에처럼 날아간 턱을 옥죄던
무명천 벗어두고
꽃상여도 없이
호곡할 복친도 없이
여기 오늘 홀로 누웠네
고운 잔디옷 입고
서천 꽃밭 가는 길
외롭지 않네
부끄러이 숨어 핀 가을꽃 벗 삼고
날아오른 마음이 새소리 길 삼아
저 세상 가려네
악귀 같은 이승의 기억일랑
가는 길 낮잠 삼아 벗어버리고
이제 고운 얼굴로 도올라 환생하려네
무명천 매지 않은 맨 얼굴로 살려네
그렇게 다시 여기 온다고 말하려네

말을 하려네

* 무명천 할머니로 잘 알려진 진아영 할머니는 4·3 당시 경찰의 유탄에 맞아 아래턱이 소실되어 정상적으로 말을 하거나 제대로 음식을 들지 못한 채 살다가 2004년 9월 8일 사망하였다.

고告

— 김이선 할머니

어머니 아버지 나 왔수다

어젯밤에 정보부에서 와십디다

북한에서 작은오빠 앞에서 편지왔젠 헙디다

6 · 25 사변에 죽었는지 살았는지 소식 없던 오빠가 살았젠

우리 보고싶댄 편지가 왔젠 헙디다

아버지 어머니 제삿날에 큰오빠영 같이 메 거려놓고 제사 해나신디

아버지 어머닌 큰오빠가 산에 숨었다는 이유로 순경덜신디 끌려가 죽고

큰오빠는 6 · 25사변에 심어당 바당물에 돌 돌아매서 들이쳐불고

죽은 줄만 알던 작은오빠는 살았덴 햄수다 정보부에서는

갈 걸로 준비하십시오 돈도 준비해야 합니다 이제 곧 만나집니다

경핸 양말도 몇 켤레 사놓고 난닝구도 싸 놔신디 딱 그냥 중단되어수다

남북이 이제 꽁꽁 얼어불지 안해수꽈

영허당 못 가면 그디서도 죽어불고 여기서도 죽어불 거 아니우꽈

아버지!

어머니!

이제 어머니 아버지보다 더 늙은 오빠와 내가

언제 같이 이 무덤가에 와서 절을 해질 건고예?

조센징, 빨갱이, 똥돼지

— 재일본제주4·3유족회장 강실

제주에 있을 때는 '빨갱이' 소리를 들었다 이를 피해
부산에 도망갔을 때는 '제주도 똥돼지' 소리를 들었다
이를 피해
일본에 밀항해서는 '조센징' 이라 하여 멸시를 받았다
이를 피해 살 수는 없었다
나의 자존을 세울 수 없었다
선택은 둘 중 한 가지다
죽든지
아니면 돈이다

돈 앞에서는 다 무릎 꿇는다
악착같이 돈 벌어서 놈들에게 복수해야 한다
조센징이라 놀리는 쪽바리들
똥돼지라 놀리는 육짓것들
빨갱이라 놀리는 부모형제 일가방상의 원수들에게
나는 보란듯이 성공해서 나의 원한을 돌려줘야 한다
그러나 역시 돈보다는 자존심이다

인민들을 무자비하게 때리는 데 아무런 저항을 못했다면
제주도 남자들은 불알을 까서 까마귀에게나 줘버려야 했을 것이다

"이곳에서 사람 죽이는 것은 피자 먹는 것과 같아"

이라크 소녀를 강간 살해한 스티븐 그린이라는 미군병사는 다음과 같이 말했다

"솔직히 누군가를 죽인다는 것은 삶을 바꾸는 경험이 될 것이라고 생각해서 이곳에 오게 됐다. 그래서 나는 사람을 죽였고, 이곳에서 사람을 죽이는 일은 개미를 짓밟는 것과 같은 일이고 피자를 먹으러 가는 일과 비슷한 일이다."

무서운 일이다
사람을 죽이는 일이 피자를 먹는 것과 같고
무서운 일이다
사람을 죽이는 일이 개미를 밟는 것과 같고
무서운 일이다
단지 삶을 바꾸는 경험을 위해 사람을 죽이는 것이다

아프가니스탄 이라크 레바논 베트남 한국
그리고 제주도에서

그들이 게걸스레 먹어대는 피자의 양이 늘어날수록
개미만도 못한 사람들이 엄청나게 죽어갔다
피자 쓰레기 봉지들이 성조기처럼
황량한 거리의 시체들을 조롱하듯 날리고 있었다

눈물과 마당발

— 전 제주도의회 4 · 3특위 위원장 김영훈

4 · 3을 말하자면
큰 덩치에 어울리지 않게
눈물부터 흘리는 사람

4 · 3을 일구자고
섬 땅 좁아라 구석구석
마당발로 뛰던 사람

묵직하면서도 기민한
경쾌한 중량감
털털하면서도 섬세한
투박한 유연함

'굴절된 역사'에 굴하지 않고
'4 · 3저항정신' 배포로 버텨

아름드리 고목의 새순 같은 눈물
눈물은 산 자 죽은 자 이어주는 영매

너른 마당 번개치듯 좁은 마당 벼락치듯
가는 자 오는 자 다 거념하는 마당발

거대한 초식공룡 발자국 화석군 같은 족적
지대한 눈물바다 영롱한 진주빛 같은 궤적

이제는 아버지 제사상 앞 다시 돌아와
무거운 발 부여잡고 눈물 훔치시는가

순실이 어멍 그때 빚으로 애기덜 다 빼앗겨도 살앙 이젠 잘 살암신디, 우리도 참고 살다 보민 살 날이 이실테주

사업이 크게 망해 죽고 싶다는 사람도 우리 어머니 고생하며 살아온 얘기를 하면 힘을 얻고 일어선다

4·3 때 남편을 잃은 어머니는 살아보려고 장사를 하다 돈 보따리 도둑맞아 잔뜩 빚만 짊어지고 말았다 빚쟁이들에게 세간살이뿐만 아니라 자식들까지 빚으로 빼앗겨 아들 둘은 남의 집 종으로 팔려버렸다 제주 떠나 육지 물질할 요량으로 도망치듯 떠났다가 잔뜩 병만 얻었다 살 길 없는 어머니는 다시 고향으로 돌아왔다 게드레기나 보말도 집이 있는데 먹을 것도 돈도 재산도 집도 절도 아무 것도 없었다 죽어지진 않고 애기들은 오망오망하고 죽으려고 독한 마음먹었다가 독하게 살기로 작심했다 품팔이 남의 집일 안 한 일이 없었다 오줌 누고 털 겨를 없이 눈썹에 불붙어도 끌 겨를 없이 쉴 새 없이 살았다 한번 해야겠다고 마음먹은 것은 남보다 두 배는 잘해버려야 직성이 풀렸다 일 잘한다고 소문 날 정도로 밭일이며 물일이며 억척스럽게 했다

우리 어머니가 자주 하는 말이다 사람이 모지직허게 살

아야지 희물끄레한 마음으론 아무것도 안 된다

와산당굿, 이정자 심방의 산받음* 중에서

집의 어른 중에 난리 때 곱안 죽은 사람 이수다
게난 셋아들이 방에만 들어앉앙 나상 댕기지 못허는 병에 들어수다
굴 같은 데에 웅크려 숨었다가 창 맞아 죽은 혼이 셋아들신디 씌운 거우다
그 어른 굿을 허영 곱게 저승상마을로 가게 해야 셋아들 병이 나을 거고
경 아니 허면 셋아들도 꼭 그치룩 죽어갈 거우다
죽은 영혼덜도 마음 풀지 못 허영 또 다른 사람신디 의지허젠 헐 거우다

* '산받음' 이란 굿에서 심방이 단골들에게 점을 처서 길흉을 일러주는 대목이다.

정명正名

— 지나간 역사를 되돌아보는 것 자체가 아픈 일인데, 그것도 이름마저 확실히 정립되지 않은 역사니 더욱 답답한 노릇이다. (서대문형무소 터에서 —고성화)

분명히 말하자
4 · 3은 자존이다
통일이다
불의의 세력에 맞선
정정당당한 항쟁이다
그것이다

전주형무소 터에서, 박춘옥 할머니

전주형무소 옛터에 다시 와보니 눈물이 남수다

폭도들이 와서 쌀 내라 돈 내라 협박하니
흔 됫박 쌀 내고 2홉 장 하나 돈 5원 낸 것에
그 죄로 1년 형 받아 형무소 가니 교도관들이 웃읍디다
같이 복역한 내 애기가 지금 환갑이우다

덕분에 살아난 데도 구경해지난 뭐이라고 말할 수가 어서마씀
고맙수다

주정공장*에서

— 주정공장에서 군인들은 임신부였던 어머니를 눕혀 놓고 배 위에 나무 널판을 깔아 널뛰기를 했다

아부 그라이브나 죽음의 관타나모 수용소에서조차 미처 생각지 못했던 전혀 새로운 기술이다
미 국방장관 럼스펠드가 알았더라면 쌍수 들고 환영했을 기상천외한 수법이다

고문은 그들에게 있어 기술이고 또한 유희였지만, 그들은 인간이 아니었다 고문을 당하는 자나 고문을 자행하는 자나 더더욱 그것을 교사한 자들은

— 모진 고문에도 불구하고 태어난 아들은 50여 년 후 주정공장 진혼제의 사회를 맡았다

* 주정공장은 제주시 산지부두에 있었던 건물로, 송승문씨의 부모 등 4·3 당시 많은 수의 제주도민들이 여기에 수용되어 고초를 겪었다.

정작 부친은

— 전 제주4 · 3지원사업소 소장 김동화*

4 · 3사업 뚝심 있게 추진했는데 정작
아버지만 유일하게 희생자로 불인정되었다

저 넓은 4 · 3공원 터 다 닦았는데 정작
어디 단 한 평 아버지만 명예가 없다

* 김동화 전 소장의 부친은 4 · 3 당시 남원면책이었다. 희생자 선정 기준의 턱에 걸려 희생자로 불인정되었다. 4 · 3사형수와 수형인들을 희생자로 인정받기 위한 희생양이 되었다. 현재 행정심판 소송 중이다.

윤천광

– 이름이 특이한 윤천광이는 일본 오사카 「극단 달오름」의 여회원이다

"저기, 수많은 영령들이 나의 다리와, 어깨와, 뒷덜미와, 허리를

붙잡고 밖으로 데려다 달라고 그렇게 애원하고 있어요

굴 안이 너무 답답하다고 굴 안에 너무나 오래 있었다고

이제는, 정말로, 집에, 가고, 싶다고

나의 몸을 빌려서라도 나가고 싶다고 그렇게 목 놓아 울부짖고 있어요"

목시물굴 속에서 영령들이 하는 말을 왜, 우리는 못 듣는 걸까요

부당함으로 불이행

– 문형순 성산포경찰서장 덕분에 성산면 지역의 예비검속자들만은 거의 무사할 수 있었다

'북지십년 만주십년 경찰백지 일자무식 문도깨비 문형순!'

어느 경찰 출신은 문형순을 그렇게 음률을 맞추어 기억했다

왜 이 죄 없는 사람들을 죽이라는 거야?

안 돼!

광복군 출신으로, 친일 군경과 맞짱 뜰 수 있는 배짱과 용기

너희 놈들이 하는 짓거리가 이게 뭐야?

부당함으로 불이행!

말년엔 여느 독립 운동가들처럼 쓸쓸하게 죽었다고 전했다 그러나

'북지십년 만주십년 경찰백지 일자무식 문도깨비 유방

백세流芳百世 문형순!

오사카 한인시장의 한청옥 할머니

"나이가 멫이우꽈?"
"멫으로 보염서?"
"혼 여든마씀."
"여든? 여든이믄 이제 새로 시집 가키여."
"게믄 멫이우꽈?"
"조도 이빠이, 이제 백이 다 되었져."

오사카 한인시장에서
콩나물과 고춧가루 등을 파는
행원리 출신인 할머니는 제주4·3 후에 일본에 건너왔다
해녀일을 하면서 청진과 블라디보스토크까지 다녀왔다

"고향은 잊어불지 안허주마는 이녁이 사는 땅이 이녁 땅이주
전엔 일본 내무리멍 오랐주만은 살당보난 이젠 고향이라
놈덜은 나신디 쉬렌해도 영 앉앙 사람 구경도 허고 좋주
돈 보담도 물건더레 정신 가믄 놀지도 못허여"

"감수다."

"응 헌저 가, 또시 놀레와."

이공위상以公爲上

— 제주4 · 3평화재단 설립과정을 지켜보면서

공公을 사私로이 여기는,
밭 갈 수고 없이 여물만 탐내는 경박한 소처럼

비우지 않고 채우려만 드는,
쉰밥에 달려드는 쉬파리 떼처럼

여름 뜨거운 햇볕에 단련되지 않은 열매는
스스로 낙과하거나 기껏해야 파치다

4 · 3평화재단財團은 죽은 자의 피 값에
산 자의 피를 더해야 할 배상의 제단祭壇이니*

혁명을 하자면 인민을 먼저 위하고
개인의 이익을 생각하지 말아야 한다**

누구인가 불 본 나방 떼처럼
피도 없이 덤벼드는 오만과 탐욕의 배후는

* 양금석 선생께서는 재단설립과정을 지켜보면서 '세태가 참으로 개탄스럽다' 고 질타하셨다.

** 호치민의 말이다.

증언자는 이제 두 번 기다려 주지 않는다

남로당 제주도당책이었던 김용관의 부인
아라주공 9평짜리 임대아파트에서 만났다
말도 잘 안했다 기억을 죽이는 침묵과 거부의 언어

다음에 찾아갔을 때 집 주인이 바뀌었다
한 우주가 사라졌다 증언자는 두 번 기다려주지 않는다
기약 없이 사라져간다 발설되지 않은 언어를 품은 채

아들은 대학시절 정보부에 잡혀가서 고문당한 후
어디서 사는지 어떻게 죽었는지 행려병자처럼
그가 해댄 말은 '내 아버지가 김용관이다' 였다

화석 같은 죽음의 언어 또는 언어로 인한 화석 같은 죽음
해방의 언어 또는 언어의 해방
그날이 올까

마지막 빨치산

– "앞으로 어떤 일을 하겠느냐?" 고 묻자 한양은 거침없이 "남처럼 살아야죠!" 하고 대답했다. (1957년 4월 16일, 조선일보)

그때 자수해서 오니까 대우를 잘 해주었지. 육이오 지난 후니까 공주같이 모셨지. 나로 인해 한라산 폭도는 다 없어진 거니까. 이승만 박사한테 데리고 가서 사진 찍고 악수도 했어. 마지막으로 남았던 이 사람을 잡아온 거라고. 경찰들이 승진하고 출세하고. 제주도 분들 많이도 죽였던 이북사람이라. 세상 좋아지니 이제 이런 말 터놓고 할 수도 있고. 하지만,

억새와 해바라기

— 김동일 할머니*

억새밭 속에서 우리는 싸웠다
그 질긴 뿌리로 이어진
제주민들의 연대는
하얀 봉화 같은 꽃으로 타올랐다

무수한 인민들이 뭇별이 지듯
그렇게 죽어갔지만

해가 뜨면 다시 돋아나는 해바라기 꽃처럼
온 벌판을 태워도 기어이 다시 태어나는 진초록 억새처럼

캄캄한 먹밤이 깊을수록
억새의 그늘, 깊은 어둠만을 골라 딛는 빨치산에게
아침 해는 내일의 찬란한 기약

너른 억새밭 위로 솟는 해를 그리며
우리는 인민들 위해 싸우다
억새꽃 흩날리듯 별이 되어 사라져갔다

* 김동일 할머니 : 일본 동경 거주, 4 · 3 당시 조천중학원 출신으로 입산하였다.

제2부

나는 내 부모를 죽인 원수를 알고 있다

그놈들의 표정 하나 잊지 않았다
그놈들의 면면을 샅샅이 알고 있다
내 손으로 열 명 정도는 죽이려고 했다
낫을 품고 다니면서 그놈들 죽여 놓고 영창 가버리려 했다
집이 불탈 때 온몸에 화상을 당한 할머니가 말렸다
살아서 끝까지 말렸다
이런 얘기를 내 자식들에게는 한 마디도 하지 않았다
저승 가면 부모님과 원수놈을 어떻게 만날까

밀항密航

— 디아스포라 이산의 역사, 마음 있어도 몸 닿을 수 없는

일화 하나

— 관탈섬에 내렸는데 온다던 배는 오지 않고 물은 한 방울 없지 온통 지옥의 돌섬에 갈매기 똥만 지깍이지 온다는 배는 오지 않고

일화 둘

— 배에 탈 때에는 선원으로 가장해서 오르지만 배에 타는 순간 배의 밑창이나 부식창고에 갇히게 된다 겨우 숨 쉴 정도의 공간에 서지도 앉지도 못한 채 그렇게 며칠을 갇힌 채

일화 셋

— 배의 밑창에 물 채워버려 할아버지와 손자가 배 안에서 익사하기도 했고 쥐를 죽인다고 쥐약을 살포했는데 밑창에 숨은 사람이 질식사하기도 했다

일화 넷

— 사람이니까 오줌도 나고 똥도 나죠 그러면 깡통 요만

한 거 그걸로 오줌 나면 오줌 받고 똥 나오면 똥 받고 비가
오면 그 깡통으로 물 받아서 그냥 먹고

낯 설고 물 설고 말 설은 이국
섬에서 벗어나야 한다 그 몸부림 그 일념으로 떠난
살아서 혹은 죽어서

탈출구는 없다

담배 하나 피우라고 해서 안 피우면 안 피웠덴 철창으로 찌르고 피우면 건방지게 피웠덴 찌르고 쇠좆매로 착 후려쳐서 아프면 아프덴 했젠 찌르고 안 아프면 안 아프덴 했젠 찌르고 손 내봐라 해서 손 고우면 찌라시 가리방 긁은 손이라고 찌르고 손 궂으면 도로차단 돌 쌓은 놈이라고 찌르고 영 해도 죽고 정 해도 죽고 죽당 남은 건 철수 마마자 다바코*

죽는 것도 이녁 맘대로 못허는 그런 세상 또 온덴 허믄 살앙 뭣 허여 확 죽어불주

* '철수 마마자 다바코'는 어린 시절 동네 조무래기들의 놀림감이었던, 동네를 배회하던 정신이상자들의 별명이다.

총살당했습니다!

성적은 좋았어요
수업료를 못 내니
규율부가 교문에서
가로 막아요
울담 넘어 들어가
책상에 앉으면
직원실로 불려가지요
수업료 왜 안 내냐
돈이 없어요
부모님 뭐 하냐
죽었습니다
어떻게 죽었냐
우물쭈물 주억거리면
주먹이 날아와요
총살당했습니다
그 해 학교를
못 다녔어요

개보다 못한

— 제1구서 관내 김녕리는 전 지서장의 폭군 같은 민중처우로 말미암아 민심은 극도로 악화되어 비난의 소리가 자자하던 중 송주임이 부임 직후부터 원만과 온순한 태도로서 리민과는 한 가족과 같이 임하니 김녕리는 물론 구좌면 전체에서 환영하고 있다고 한다. (제주신보 1947년 7월 12일)

개가 사람을 무는 건 일상사지만
사람이 개를 물면 기삿거리가 된다

개 눈엔 개똥만 보이던 시절
오죽했으면 이런 기사가 났으랴

요즘도 지가 주인인줄 아는
개 같은 놈들이 많다

나는 제주를 버리려 했다

지긋지긋 물 막은 섬 가도 가도 칙칙한
갈중이 알로 똥 받아먹는 돼지보다 못한
가난 위로 한라산 감돌아 수평선 안에 막히던
죽음의 냄새 같은 저주받은 섬

몸의 때를 벗기듯 박박
혼 든 뼈를 바꾸고 넋 든 태를 벗어던져
섬을 버려야 한다 될수록 멀리 벗어나야 한다
그것만이 살 길이라고 그렇게 생각했다

그러나
버리려면 버리렬수록 섬은 이미
나의 무덤을 마련하고 있었다
가슴 속 오름 자락 내 자신 필연 제주섬이었다

거름 내는 소리*

아버지 : "어허두리 더럼마야."

나 : "어허두리 더르럼마."

아버지 : "요 걸름 저 걸름 일어나나라."

나 : "어허두리 더르럼마."

아버지 : "요거 버청 앚아나시면,"

나 : "어허두리 더럼마야."

아버지 : "어느 누게가 도웨줄소냐."

나 : "날은 점점은 저물아 가는디."

날은 점점 저물어 가는데, 아버지와 통시에서 거름을 내고 있는데 갑자기 동쪽에서 연기가 피어오르고 토벌대들이 총을 쏘며 들이닥쳤다 가족들은 재빨리 몸을 피신하였지만 어려서부터 다리가 불편했던 아버지는 집 뒤 담을 넘다가 토벌대의 총에 목을 맞아 사망하였다 나는 숨어서 그 광경을 그 모습을 다 보았다 아버지와 둘이 내던 거름을 이제는 혼자서 내야 한다, 어허두리 더럼마야

나 : '어허두리 더럼마야.'

나 : '해는 서산에 다 떨어지고,'

나 : '나 헐 일은 멀었져.'

나 : '어허두리 더르럼마.'

* 거름 내는 소리 : 제주 재래식 화장실인 '통시'에서 썩힌 거름을 쇠스랑 등으로 일궈내며 부르던 민요이다.

절대로 잊을 수 없는 그것

아들 손주 생일날짜는 잊어도
주민등록번호 집 번지수는 잊어버려도

잊을 수 없다
절대로 잊어버릴 수 없다

그날
토벌대놈들이 잡혀온 조천여맹위원장을 발가벗긴 채 마을을 돌았다
그날
토벌대놈들이 조천여맹위원장의 목을 잘라 전시하였다
그날
토벌대놈들이 조천여맹위원장의 하문을 도려내어 철창에 꿴 채 마을을 돌았다

잊을 수 없다
절대로 잊어버릴 수 없다

잘린 머리의 그녀의 눈물을 잊을 수 없다
그 토벌대놈들의 웃음소리를 잊어버릴 수 없다

트라우마

— 외상성 신경증

자꾸 떠오르는 그대의 웃음소리
잔인한 그 소리를 이젠 잊게 해줘*

그 죽음의 현장엔 갈 수가 없어 지금도
달빛에 되살아오는 그 소리 희희낙락 그 죽임의 소리
살려달라는 살려달라는 그 목소리들

넌 내게 빠져 넌 내게 미쳐 헤어날 수 없어
조금 다쳐도 넌 괜찮아 넌 나의 노예**

달을 쳐다볼 수가 없어 아득하게 쓰러질 것 같아
악령의 주문처럼 쫓아오는 섬뜩한 한기
숨 막혀 아, 숨이 막혀 헤어날 수가 없어

죽어간 이들이 당기는 걸까
죽이려는 자가 조이는 걸까

* 베이비복스의 노래 '킬러' 중에서

** 동방신기의 노래 '주문' 중에서

죄값

겨울에 마을의 공회당 옆 연못가에 여자 하나가 잡혀왔다
여자는 엉덩이 쪽에 총을 맞았는지 아랫도리가 피로 흥건했다
검정고무신을 신고 있었는데 끈으로 동여매어 있었다
계속 물, 물, 물을 찾았다
고무신이 벗겨졌다
주민 한 사람이 그 검정고무신에 물을 떠다 주었다
무보수 순경질을 하는 남자 하나가 낫으로 여자의 목을 잘랐다
여자의 목을 죽창으로 꿰어 등에 걸치고 다녔다
몇 달 후 정신이 나가버린 남자는 자기 마누라를 자꾸 물어뜯었다
자기가 개가 된 줄 아는 모양이었다
방문을 걸어 잠그고 밥만 안으로 넣어주었다
방안에서 개같이 사육되었다
남자는 고기 맛을 보지 못해 환장하다가 말라죽었다
검정고무신에 담긴 물은 여자의 목숨을 조금이나마 이어주었지만

개밥그릇에 담긴 음식은 남자의 목숨을 조금도 이어주지 못했다

노상횡사路上橫死, 저쪽 동네 말로는 로드 킬

음력으로 5월 2일 아침이었다
어머니가 사진관 개관식 준비로 떡을 했는데
그날따라 아주 잘되었다
까마귀는 난데없이 울어댔다
헌병들이 토벌현장 사진 찍는다며
아버지를 데리고 나갔다

오후에 아버지가 돌아가셨다는 소식을 들었다
인중에 정통으로 총 맞아 죽어 있었다
가마니에 덮인 채 길가에 버려져 있었다
헌병들은 사진을 촬영하고는 지들만 와버렸다
지나가던 미군 차에 태워 달라 했는데
달리는 차에서 그대로 쏴버렸다
사격 연습으로 쏜 것이었다

저녁에 헌병대에서 와서 말해줬다
미군들이 자기네들 방침으로 조치를 취한다고 했다
머리를 깎여서 서 있던 그 미군의 모습을 봤다

효순이 미선이처럼 그렇게 살인자들은 무죄였고
죽은 이만 한 마리 들짐승처럼 길에 버려져 있었다
그날 그렇게 떡이 잘되었는데
까마귀는 난데없이 날아와 울어댔는데
그러니까 그날이 제삿날이었던 것이다

뼈

죽은 사람들은 하얀 뼈로 남았다
동네에서는 엿장수가 비누를 만든다고 뼈를 모아 사갔다
죽은 사람들의 뼈는 살아남은 사람들의 뼈에 살로 붙었다
동네에서는 한동안 죽은 자가 산 자를 먹여 살렸다
죽은 사람들은 하얀 뼈조차 남기지 못했다
동네에서는 아무도 이런 말을 꺼내지 않는다

"햐, 게민 자식이 없겠구나!"

여성동맹 여성들에게 교육을 했다고 잡혀가서 전기고문을 당했다 손과 거시기에다가 전기를 꼽은 채 여성들과 몇 번 잤냐고 취조당했다 석방된 후 이 사실을 들은 아버지가 장탄식을 했다 "햐, 게민 자식이 없겠구나!" 그후 여성동맹 출신 여자와 결혼해서 3남1녀를 낳았다 아버지는 손주들 보기도 전에 끌려가 총살당했다

저 한라산이 아방 무덤이고 저 바당이 어멍 무덤이다

아버지는
한라산 자락
어디선가

어머니는
제주 바다
어디론가

호적 ᄒᆞ나만 발루와줍서*

아들은 가슴에 못이 박힌 채 유언처럼,

"호적은 ᄂᆞ시 못 발루쿠다. 사름 구실도 못헐 거, 살앙 무시것 헙니까."

"어떵 허느니게, 나 목숨 실 때까진 호 발루는 기회가 되면 해보마."

어머니도 뜻 못 이뤄 호적 없는 곳 아들 따라가고,

* 발루다 : '잘못된 것을 바르게 하다'는 뜻을 지닌 제주어.

여성 수난사

무장대로 활동하다가 잡히게 되자
어머니가 토벌대 책임자에게 딸을 상납해서
아들을 살려냈다

악몽 같은 고문 속에서 나를 구한 건
여동생이었다 그 자신을 겁탈한
서청놈과 결혼했다

지네나 벌레로 낳다 버쳐야 여자로 낳고
여자로 낳느니 소로 낳는 게 나은
소나 지네나 벌레만도 못한 서럽고 더러운 팔자

놈들에게 몸을 내주고
개놈의 씨를 낳느니 차라리 죽어불쿠다
목을 매어 자살했다

서우봉 절벽엔 윤간당해 죽은 여자들
죽어서도 흐느끼는 숨죽인 울음소리

모래바람 속 귓전을 때린다

달빛에 드러난 얼굴 고운 여자들 갖고 놀다가
백사장에서 다 죽여버렸다
혼자 살아 돌아온 그녀, 끝내 입 다물었다

차라리 죽는 게 훨씬 나았다*

차라리 죽는 게 훨씬 나았다 그때 죽었으면
사회 나와서 그 쓰라린 악형은 안 당했을 거다
출소하자마자 경찰이 와서 갈구기에
내 동기는 소나무에 목매어 자살해 버렸다
차라리 죽는 게 훨씬 나았다 형무소라는
'무덤에서 살아 돌아온 사람들' 은 절대
아예 사람 취급을 안 했다
돈 한 푼 꾸어주지 않지, 호미 하나 안 빌려주지,
대낮 올래로 못 다니게 하지, 사는 게 사는 게 아니었다
살 길이 없었다
그때 죽는 게 차라리 훨씬 나았다

* 제주4·3 수형인은 3천 명을 상회한다. 이들 중 많은 수가 한국전쟁 때 희생되었고, 살아돌아온 이들은 또 다른 죽음의 삶을 살았다.

유전遺傳

목 졸려 죽은 남편
혀가 가슴까지 빠져 있었다
말을 안 한다고 그렇게
죽인 것이었다

얼마 후 태어난 아이
혀가 가슴까지 나와 있었다
젖조차 제대로 빨지 못했다
말 못하는 벙어리였다

뱃속에서 난 병은 절대 고치지 못한다, 나라에서도.

청원서

1948년 4·3사건 당시 음력 11월 중순경 소개령이 내려 애월리로 소개가게 되엿는대 강○○의 부친은 집에서 길우든 되지를 끌고가 잡을려고 칼을 갈다가 군인을 죽이려고 칼을 간다고 누명을 씨워 죄인으로 잡혀가 억울하게 총살되엿는데 그 당시 모친은 임신 8개월 몸으로 애월지서로 끌려가 심한 고문과 조사를 밧다 이듬해인 2월 초경 유복자 강○○가 태여낫는데 그 당시 충격 때문에 태여날때부터 경증이 심하고 해서 무당도 여러번 차자보고 병원에도 수차로 다녀봐도 하등에 효과를 못바서 이 생모로써 어굴하기 한이 업스며 부자 양대에 걸친 이 어굴함을 푸러주고 구제하여 주시기 바랍니다.

통지서

희생자(후유장애자) 성명 : 강○○

피해상황 발생 일시 : 1948.12.19

당시 연령 : 태아(8개월)

의료지원금 지급상황 : **향후치료비 불필요**

위와 같이 결정되었음을 통지합니다.

-끝-

제3부

악연

나를 취조했던 서북출신 경찰과 사돈이 되었다
사람들을 잡아 족치다가 돈 바쳐야 풀어주던 사람이었다
나도 고등어를 두 어 상자 사다 바치곤 했다
4 · 19 나자 도망갔다가 5 · 16 나니 되돌아왔다
아들이 어쩌자고 그 집 처자를 좋아하게 되었다
좋아라 지내는데 몇 년을 말렸다
허락할 수 없다고 넌 내 자식 아니라고
부자父子의 연 끊자고 했지만 부부의 연이 더 질겼다
내가 맞은 거 반에 반만이라도 맞아보라고 장작으로 때렸다
꼴도 보기 싫다 육지나 가서 살아라 호戶도 다 파가라
며느리가 나보고 요망지게 말했다
우리 아버지가 문제라면 더욱 결혼해야겠습니다
안 그러면 평생 용서 않고 살 거 아닙니까
결국 서북출신 경찰과 사돈이 되었다
이제는 다 용서하고 과거는 잊어버렸다

영어완전정복

영문 타임지를 읽으며
아직도 CIA에 보고하는 하르방이 있다

영어깨나 한다고 거들먹거리며
미국을 맹종하는 하르방이 있다

20세기의 반을 일본에 예속당하고
나머지 반을 미국에 종속당한
그런 슬픈 나라에 복속된
작은 섬의
한 귀퉁이에서

아직도 4 · 3의 동향을 일일보고하는
그런 하르방이 있다

그의 뇌리에 틀어앉은 나라는 대한민국이 아니다
미군정이다

그런 미친놈들이 지천으로 널려 있다

순이삼촌*을 찾아서

무수한 생명을 키울 그 생명의 대지에
수레멸망악심꽃 흩뿌려졌네
잡초처럼 무성한 떼죽음이 있었네

살은 썩어 흙이 되고
피는 흘러 물이 되고
열두신뼈 마디마디 흩어졌네

살아, 이승에서
죽은 자들의 목숨을 대신 연명하였네
그건 죽음의 연속이었네
삶의 기적이 아니었네

이제 나 죽어, 나누려네

살 오를 꽃
뼈 오를 꽃
피 오를 꽃 나누려네

그 생명을 살릴 생명의 땅에서
좋은 신체 좋은 얼굴 좋은 이름 되살리려네
뼈를 맞추고 살을 붙여 피가 돌게 하여
죽은 자들의 생명의 시간을 되돌리려네

* 순이삼촌 : 현기영의 소설 「순이삼촌」의 주인공

어머니

— 제주4 · 3 장한 어머니상 수상에 부쳐

무자기축년 그 캄캄한 하늘엔 별도 없어라
한번 간 당신은 다시는 돌아오지 않고
올망졸망 어린것들만 세상 모르고 잠들었어라
찬 기운에 온몸 소스라치는 새벽마다
비명에 간 당신 기억 이리도 선연한 건
아, 모진 목숨이여
어린것들 잘 키우라는 운명이리라

모든 게 다 어지러운 시국 탓이다
살암시믄 살아진다고
별도 없는 캄캄한 어둠에 서서 굳은 심지 돋우리라
저 팽나무처럼 단단히 뿌리내리고
저 바람에 서걱이는 대나무처럼 살아남은 사람들 벗하여
살아야 하리라
살아남아야 하리라

그렇게 살아온 지난날 이제는 꿈처럼 아련한데
검은머리 힘겨워 새하얘지고 주름 깊은 얼굴엔

검버섯 저승꽃만 별처럼 박혔어라

아, 뒤돌아보면 아득하여라
볼세라 혼자만 흘렸을 그 눈물 바다가 되고
들을세라 혼자만 삭였을 그 한숨 태풍이 되어
책 몇 권 내고도 남을 이야기 아이들은 알기나 할까
세상 살다 좋은 날 올 줄 어디 짐작이나 했으랴
살아온 나날들 당신 생각 안 한 날 없건만
오늘따라 더 미어지게 그리운 걸 당신은 알기나 할까

제주사투리가 나를 살리다

— 한국전쟁이 터지자 인천형무소 문이 열리고 나는 인민군 의용군으로 강제 편입되었지. 영천까지 쫓겨 갔다가 국군에게 포위당했어. 어느 바위틈에 숨어있는데 군인들이 총을 쏘며 다가왔어.

군인 : 이놈들 이디 이선 게 어드레 몬 돌아나 부러시니?

의용군 : ……!

군인 : 곱은 놈이랑 제기 나오라. 아니 나오민 쏘으켜! 죽이켜!

의용군 : ……!

군인 : 어디 곱안디? 곱은 놈이랑 제기 나오라! 경 안허민 쏘으켜!

의용군 : 나 여기 이수다. 쏘지 맙서. 아이고 살려줍서. 나 제주도우다.

군인 : 제주도 어디냐?

의용군 : 제주도 한림이우다.

군인 : 이놈으 즈식, 너 어떵허연 이디 와시냐?

의용군 : 육지에 살레 오랐당 영 피난댕겸수다.

군인 : 기냐?

의용군 : 예. 기우다.

– 그래서 그때 살아났지. 제주말씨를 쓴다고, 고향사람이라고 살려준 거야. 제주에 있었으면 제주말 쓴다고 다 죽었을 텐데.

심장心臟에 남는

중학교 2학년 때 수업을 받는데 갑자기 가슴이 막 죽게 아픈 거예요 심방 데려다가 굿을 했는데 아픈 게 없어진 거예요 심방 얘기로는 돌아가신 아버지가 심장부에 총을 맞았단 거예요 그게 나한테 들려서 그렇게 아팠다는 거예요 우리 자식들도 공무원 시험을 봐도 자꾸 탈락되어 그게 가슴에 한으로 박히는 거예요 폐지됐다던 연좌제가 우리 자식들에게는 심장병이었던 거예요 나의 심장에 새겨진 고통이 자식들에게 그대로 전해진 거예요 가슴이 찢어진다는 말 그 뜻을 아는 사람은 알 거예요

돌멩이를 들었던 자로서

청년 20명 가량이 서로 몸을 묶인 채 양같이 머리 숙여 있었습니다. 사람들이 모이니 경찰이 이들은 폭도다 하고 그 청년들을 구 남원지서 서쪽밭으로 끌고가 돌로 쳐 죽이도록 명령했습니다. 거기 모인 사람들이 던진 돌에 맞은 청년들이 거의 반죽은 상태가 되자 주민들은 더 이상 돌을 던지지 않았습니다. 경찰이 죽어가는 청년들을 발로 차서 움직이는 자들은 총을 쏘아 확인사살하는 것을 보며 각각 흩어졌습니다. 그들의 시신은 어디 묻었는지 모릅니다. 그들이 어디 사람인가 확인해 보시고 무덤을 찾으셨는지 확인해주시기 바랍니다. 이 글을 적어 보냄은 잘잘못을 가리자는 목적이 아니며 다만 본인이 목격한 사실을 유족들에게 알리고 돌멩이를 들었던 자로서 용서를 빌기 위함입니다.

지미둥이

주민 1 : 무장대가 식량을 털고 간 후에, 군인들이 왈칵 달려들었어. 주민들을 국민학교 뒷밭으로 집합시켰어. 기관총 탁 매가지고 다 죽이젠 헌 거지.

주민 2 : 목 주위 얼굴에 기미가 많이 낀 순경이 그때, 지미둥이라는 별명으로 불렀는데, 이북 순경이라.

주민 3 : 기관총 앞에 딱 막아서서, 사정 얘기를 하니까, 군인들이 기관총을 치우게 된 거지. 우리도 북촌리처럼 한꺼번에 다 죽을 뻔 했어.

주민 4 : 산에서 습격올 때 어느 집안으로 뛰어들었는데, 우리가 대문 뒤로 확 잡아땡겨서 숨겨줬거든. 그래서 살아났는데, 그 보답을 한 거지.

주민 5 : 주민들 때문에 살아났다고 주민들을 살려준 거지. 그 사람이 우리 신촌 사람 다 살렸어.

주민 5 : 제사떡 그 집에 안 가져간 사람 없고, 큰일 생기면 교대로 다 봐줬지. 그 사람은 죽어서 천국에 갔을 거라.

지미둥이 : 우리 총 든 순경들도 무서워서리 대항을 못했는디, 주민들이 어케 폭도들과 대적할 수 있갔습네까?

우선 나부터 죽여놓고 이 사람들 다 죽이라요!

좌우익을 떠나

문) 당시 희생자의 나이와 직업은 무엇입니까?

답) 당시 60세로 농사를 지으며 마을 구장을 20년째 역임하고 있었습니다.

문) 희생자는 언제, 어디서, 누구에 의해서, 어떻게 희생당했나요?

답) 1948년 11월 26일 새벽 2시경 제사를 마치고 잠을 자고 있었는데 무장대들이 집을 급습해서 희생자가 우익활동을 한다는 이유로 칼과 죽창 등으로 무수히 찔러 살해했습니다. 나중에 듣기로는 당시 벤푸리트 미국 장군이 제주도를 시찰하는데 그 환영 아치를 마을 입구에 세우라는 공문이 내려와 그대로 시행했는데 이 때문에 무장대들의 반감을 사서 죽임을 당한 것으로 알고 있습니다.

문) 희생자는 어떤 이유 때문에 희생당하였습니까?

답) 당시 희생자가 어느 누군가에게 '폭도들 너네 떠들어봤자 헛일이다' 라고 얘기를 한 적이 있었다는데 그 말이 무장대들의 귀에 들어가 죽임을 당한 것으로 보입니다.

문) 기타, 하고 싶은 말씀이 있는지요?

답) 이제는 남과 북도 화합하는 시대니까 당시 희생당한 사람들에 대해서는 좌우익을 떠나 모두 위령해야 한다고 생각합니다. 남북 협상 이전에 먼저 4·3문제 해결부터 이뤄내야 합니다.

황금박쥐

낮엔 토벌대에게
밤엔 무장대에게 시달리던 시절

어머니는 군인들에게 총살당했다
오빠는 무장대에게 죽임을 당했다

어떤 이는
이런 류의 두 가지 죽음을 가지고
밤과 낮 따로 살았다
물려받은 훈장처럼
금을 좇는 자의 누런 이빨처럼

형은 무장대에게 죽었다
아버지는 경찰에게 죽었다

어떤 이는
차압당한 유산처럼
잊고 살았다

내 대에서 끝내자며
아무런 원망도 보상도 잊은 채

구삼승냄*

— 가해자 처벌의 제주 민속적 방식

"조왕할마님아, 나 ᄒᆞᆫ쏠 곱져줍서."

"이 주당에 풍운조홰를 불러주멍 나한티 곱져도렌? 이 나쁜 년, 썩 나고가라!"

"제왕칠성님아, 날 ᄒᆞᆫ쏠 곱져줍서. 은공 알이웨다."

"이 년 나뿐 년. 날 누겐 중 알안 이거라! 어서 바삐 나고가라!"

"성주지신님아, 나 ᄒᆞᆫ쏠 곱져줍서."

"고이ᄒᆞᆫ 년. 어서 나고가라."

"오방토신님아. 나 곱져줍서."

"어디완 곱져도렌 허염서. 썩 나고가라."

"일문전님아. 나 곱져줍서."

"썩 나고가라."

"야, 이젠 더 곱고 더 숨을 데가 읏구나. 이젠 홀 수 읏이 나고가살로구나. 성주님에도 이별허고 작별허여 나고갑네다. 조왕님에도 제왕칠성님에도 문전님에도 오방토신님에도 아기아방 아기어멍에도 이별허여 나갑네다. 작별허여 나갑네다."

"어서 나고가라. 저 인정 많이 걸어주커매 이별허고 작별허여 나고가라. 다시랑 뒤 돌아보지 말앙 어서 바삐 나고가라!"

"예. 다신 뒤돌아보지 아니허쿠다."

"헛쉬!"**

미운 놈 떡 하나 주듯
먹다 죽은 귀신 때깔도 곱다더라 잘 먹고 가서 다신 오지 마라
그러니까 이건, 가해자에게 가해지는
얄팍한 용서가 아니라 차원 높은 복수다
단, 참회하고 죄를 빌었을 때만

* '구삼승냄'은 삼승할망의 적대인 구삼승할망의 범접으로 앓는 아이의 병을 치료하는 의례이다.

** 현용준 저, 제주도무속자료사전, 512쪽

모른다는 것

너 알지?
모릅니다!

모르면서 모른다는 건 오히려 정직이다

너 했지?
예, 했습니다!

안 한 일도 했다고 억지자백 했다가
징역 먹는 건 부지기수다

했으면서도 안했다고 우기는 건 뻔뻔한 사기나
간교한 오리발이 아니다 적어도 그런 상황에서는
그건 목숨 살아나는 길이다

몰라구장이 있었다 알면서도 모른다고 우겨 사람 여럿 살렸다
지목과 밀고라는 손가락총이 다반사로 사람 죽이던 시절

알면서도 모른다고 하는 건
알량한 겸손이 아니라 느글느글 능구렁이가 아니라
버티기다 목숨이다
고문과 협박에도 굴하지 않는 남 살리는 용기다
자기희생이다

요즘은
모르면서 아는 체 하는 곡학아세가 너무 많다
그런 놈들이 저지르는 간교한 입놀림과 알량한 글줄이
얼마나 많은 죽음을 부르는지를
그들은 알면서 그건 애써 모른 체한다

그것이 차이다

함바집에서

우린 국민학교에 함바집을 지어서 거기서 생활했지 일자로 쭉 하게 나무로 연결해서 다닥다닥 집들을 붙여 만들었지 집이 아니라 방 한 칸인 셈이지 허허 지붕은 억새로이고 벽은 가마니로 가렸지 변소는 밖에 땅을 파고 거기에 널판 두 쪽을 걸쳐 놓았어 미끄러져서 거기에 빠지기도 했었지 허허허 변소에선 보리낭이나 돌로 밑 닦고 거기 사람 살 곳이 못돼 어디 소나 말이 사는 데지 거기서 근 일 년 살았는데 별 별 병에 다 걸렸어 근데 그런 데 살면서 어떻게 했는지 허허허 남들에게 안 들키게 애기도 만들고 그러대 어떻게 했는지 참 재주도 좋은 사람들이지 허허허

팽돌이*

세 살에 총 맞안 총알이 다리 일로 들어오고 다리 일로 나가부난 이영 다리 병신되연에 이디 심은 시난 ᄇᆞ뜨곡 이디 심은 어서부난 되와젼 게난 목숨만 살았주기 서너 살엔 ᄒᆞ썰 약도 허고 허난 기어댕기멍 살안 기엉허당 여나믄 살이 나가난 ᄒᆞ썰 발 끄서도 톨락톨락 튀연 경핸 헌 게 열 살이 넘언 열다섯 살이 되어가난 발이 퉤와져도 지팽이 짚곡 영영 걸었주게 걸언 허단 스무나문 나가난 다린 더 퉤와젼 걷도 못허고 벌도 못허고 굶을 지경이라 설나문 되난 서방 만난 발을 ᄒᆞ썰 고천 퉤와져도 그닥지 안 퉤와젼 걸어 댕겼주 이젠 늙어가난 더 아팡 어디 오몽도 못허고 영 앉앙 삶인지 죽음인지 살암네 게난 사름이 목숨 질기ᄂᆞᆫ 게 그땐 하루도 못살 거 닮아도 이젠 예순 넘도록 살안 게난 사람이 목숨만 아니 끊어지민 사는 거라 죽젠 해도 죽어지질 안 헌거라.

* 팽돌이 : 제주굿놀이 '세경놀이'에 나오는 애기의 이름. 이 아이가 한 살 두 살 열다섯 십오 세까지 자라나는 과정이 해학적이다.

물 문서 허멩이 문서*

옛날엔 경했주
동네 글 아는 하르방신디 부탁해서
면서기 담배값이라도 좁아주면
호적정리가 되었주
호적이라는 게 난 날 틀리고 간 날 틀리고 경했주

당시엔 시국이 혼란하니까 혼인신고도 못했었주
남편은 경찰에 끌려가 애무하게 죽고
꽃 같은 청춘에 애기 하나 봐서 살아달라고
시부모가 나신디 사정을 했주
그 애기가 학교에 가게 되니까
어떵헐 거라
죽은 남편과 새로 혼인헐 수도 없고
남편 밑으로 없는 동생 하나 새로 만들어 호적에 놓고
그 알로 혼인신고도 허고 출생신고도 허였주
없는 사람을 호적에만 있는 사람으로 만든 거주

옛날엔 경해났주

경허난 그때야 거 다 몰 문서
허멩이 문서 아니라게

* 몰 문서 허멩이 문서 : 문서로서의 가치가 없는 문서

저들을 살려주면 대한민국 착한 백성 만들겠습니다

– 그러나 총구는 항일운동가를 비켜가지 않는다 하물며 일반 주민이야 말해 무엇하리

제주백성들의 피와 살과 뼈로 공구리 된
일제 잔재 속에 미제 독소 가득 들어찬
해방보다도 건국이 우선인

그런 나라

4 · 3에 죽었다고 독립유공자에서 제외된
'지상에' 있는 '숟가락 하나' 도 불온한*
평화보다도 군사기지가 우선인**

그런 나라

그런 나라 만들겠다고 사정했지만
죽여 버리는, 백성들 다 죽여 놓고
폭동 없는 나라 만들려는***

그런 나라

* 그런 나라는 현기영의 소설 '지상에 숟가락 하나' 를 불온서적으로 지정했다.

** 그런 나라는 서귀포시 강정동에 주민들의 반대를 무시하고 해군기지 건설을 강행하고 있다.

*** 그런 나라는 제주4 · 3을 여전히 폭동으로 규정하고 있다.

무슨 일이 있어도 꼭 그 집을 일으켜 세워야 한다

아버님 말씀 명심해서
멸망된 집안을 일으켜 세우려고
눈에 피눈물 나고
가슴엔 피멍 들도록
먹으라 쓰라 하는 이 없고
도와주는 이 하나 없는
적막강산에 혈혈단신
옷장사 쌀장사 안 해본 장사 없어
머리에 이고 등짐 지고
제주 산 다 넘고
제주 해안 다 돌고
해안 산간 내 발 안 닿은 곳 없고
육지로 배 나들며
개미 좁쌀방울 물어들이듯
악착같이 이문 남겨
눈물 한 방울 비치지 않고
아이들 홀어멍 소리 안 듣게
아버님 말씀 명심해서

의義

옳은 일을 옳다고 하는 것
옳지 않은 일을 옳지 않다고 하는 것
그것이 의義다

그 중간은 없다

옳은 일을 옳지 않게 하는 것들에 맞서
옳지 않은 일을 옳게 만들어간 죽음들
그것이 4 · 3이다

그래야 살아 있는 것이다
그렇게 살아야 하는 것이다

그 이상도 이하도 아니다
그것이 의義다

양태 뭇는 소리*

줄앙줄앙
이 모자 줄앙
우리집 애기덜 멕여살리젠 허난
눈이 빠지게 허당보아도
살 길은 막연ᄒᆞ고
줄앙줄앙 모자 줄앙
힘 어시 드러누운 시어멍 약값도 허곡
놈의 밭에 토롱헌 시아방 철리도 허곡
요 모자야 ᄒᆞᆫ저 넙으라
넙지도 아니허곡 븟지도 아니허곡
어느제민 요 모자 줄앙
우리집 애기덜 다 클 건고
줄앙줄앙 ᄒᆞᆫ저 줄앙
이 놈의 서방은 산에나 죽어신지 바당에나 죽어신지
요 모자 줄아사 우리집 살길이 솟아난다
죽다 남은 친정식구덜 거념허멍
줄앙줄앙 줄앙줄앙
어느제랑 이 몹쓸 세상 지낭

옛말 골으넹 살아질 것고
요놈의 모자 아니 줄아도 살아질 것고
모자 줄앙 줄앙 어서 줓자
아이고 모자 줄당 보난 나 나이 일흔이 넘었고나
애기덜 다 컸구나 다 살아졌구나
줄앙줄앙 모자 줄앙
줄앙줄앙

* 제주도 민요, 양태를 만드는 일을 하면서 부르는 민요.

살암시믄 살아진다

할머니가 들려주는 옛날 이야기 –

"톳밥 파래밥 살젠 허난 먹었주 복개기 쑥 믈릇 맹게 먹엉 똥구멍 막히믄 보릿낭으로 파내고 썩은 밀쭈시 감저쭈시 못 먹은 축산이들 그거 먹으면 어린아인 배탈 나고 죽을 아인 죽고 집은 막사리 지들커도 못허고 입은 입성 누더기 옷 닥닥 털면 이만 드글드글 사난 살암신가 했주"

손자의 단순명쾌한 답변 –

"우리도 그렇게 살라는 거, 아니죠?"

제4부

극우준동

깝죽대봤자
오래 못 간다

더러운 이름
만년 간다

난 아직도 누구의 씨인지 모른다

그때
수많은 정액들이 뿌려졌고
그래서 많은 생명들이 태어났지만
그로 인해
수많은 죽음들이 생겨났다

애 밴 여자 하나가 서북청년 그 놈을 찾아갔다가
한꺼번에 두 목숨이 죽었다

버려진 씨들이
버려진 삶으로
버려진 죽음들과 공생하고 있다

아직도 정확히 누구의 씨인지 모르는

나 어렸을 적에는

나 어렸을 적에는
빨갱이 새끼라고 침 뱉던 사람들이
이제는 조카님 조카님 아부를 해대는데

나 어렸을 적에는
빨갱이 집안이라고 타박을 했던 사람들이
이제는 사장님 사장님 돈 꾸어 달라는데

참으로 간교한 놈들이구나
세상은 바뀌져야 하는 거구나

나 어렸을 적에는
빨갱이 족속이라고 씨 말리려던 놈들이
지금도 빨갱이 빨갱이 색안경 끼고 덤벼드는데

귀신 소동

함덕 어느 집 사람 많이 죽은 장소 파 보면 유골 있을 거다 귀신 없다지만 거기 사람 못 살고 다 나온다

근데 밤에 어영쪽으로 해서 오는데 보니까 파란 불이 돌아다녀 그게 한 몇 년을 그렇게 했어 사람이 너무 많이 죽어서 그런 거지

그 자리에 아파트가 들어섰는데 밤에 귀신이 돌아다니는 거라 그쪽에 가보면 사람이 없고 이쪽으로 보면 다시 사람이 있고

어릴 때 들었던 가지 말라는 그곳
파란 도깨비불이 날고 귀곡성이 들리는
거긴 학살터였다 유골이 묻혔거나 죽음의 현장
후세로 이어지지 못하게 발걸음조차 막았던 곳
그 귀신들, 지금도 남아있는 화약 냄새 못 견뎌
쫓겨 가는 걸까 잊혀지는 존재감 스스로를 상실해가는 걸까

그날, 내 눈에 보였던 그 헛것의 정체는 무엇이었을까

심중에 남아있는 말 한 마디

"ㅇㅇㅇ이 집에 와서 어머니를 끌고가 함덕지서를 경유, 제주경찰서 유치장에서 2개월 남짓 살았다. **ㅇㅇㅇ은 청년들을 동원하여 국민학교의 6개 교실 청사와 리사무소를 모조리 뜯어다가 청년회관을 짓고 ㅇㅇㅇ사택을 지었다."** (기고문)

저는 남들처럼 정규학교도 못 다녔고 농촌에서 농사지으며 살아온 사람으로서… 위 내용 가운데 굵은 글씨체로 인쇄된 부분은 허위 내용이었음을 인정하고 사과하오며, 모든 형사 민사상의 책임을 질 것을 약속합니다. (사과문)

신문에 사과문을 썼다 잘못했노라고 사과문을 썼다 하지만 내가 잘못 쓴 것이 아니다 내가 쓴 글은 사실 그대로이다 그런데 잘못을 했다고 시인하라니 이것이 4 · 3의 현실이다 왜 내가 사과해야 하는지 북부기 뒈싸졍 못 살겠다 (심중에 남아있는 말 한 마디)

신고-신고철회-재신고-그 다음은?

"이거 뭣고?
신고철회 하라고 해서 했는데 오꿋 위패 떼어버렸더라
이거 뭐 하는 짓들이고?"

관에서 철회서 도장을 받아갔다
4·3희생자 신고조차 안 된 것으로 되었다
위패마저 떼어버릴 줄은 미처 몰랐다

"희생자로 올려도 좋고 말아도 좋다
이제까지 폭도새끼로 창살 없는 감옥에서 살아왔지만
난 아버지가 부끄럽지 않다"

추가신고 기간 때 또 신고를 하였다
관에서 연좌제 운운하며 또 신고철회를 종용했다
아버지는소위남로당괴수거나무장대두목급이었다

안 죽어서!

"아이구 어머니, 무사 영 햄수꽈?

아버진 벌써 60년 전에 돌아가시지 안해수꽈.

그날 아침에 토벌대에게 끌려간 다음,

제주읍 서문다리에서 죽지 안해수꽈.

닷새 후에 어머니가 소식 들언,

아버지 죽은 신체 모셔다 밭에 묻지 안해수꽈.

무사 맨날 날만 굿으민 여기 왕 죽은 사람 춫앙 댕겸수꽈.

무사 영 햄수꽈, 어머니!"

"느네 아방, 아직 안 죽었져, 안 죽어서!"

나를 밝혀다오

— 2007년 2월 23일, 별도봉 일본군 진지동굴 4·3희생자 유해발굴 현장에서

다섯 구의 유해들이
가지런히 나란히 뉘여 있었다
고통의 크기나 질감이 사람마다 다르듯이
유해들의 표정도 제각각이었다

윽
읔
엌
앜
욱

세상의 빛에 온전히 노출된 우리,
우리가 누군지 밝혀다오
그러지 않으면 우리를 어둠의 제자리에
다시 묻어다오

업보

취한 군인
동네 처녀 강간
마을 안 살아 떠나고

그 씨 커서
동네 할망 강간
마을 못 살아 떠나고

악몽

믿을 수 없을 만큼 생생하고 또렷한
허위허위 도망을 쳐도 끝끝내 쫓아오는
옴짝달싹 못하게 다가오는
뿌리칠 수 없는 그 검은 공포의 악력

바로 그때
그 총구에서 불이 번쩍
나의 몸에 날아와 박히는 총알
분수처럼 솟구치는 피
가늠할 수 없는 생살 찢기는 아픔

그렇게 몇 번을 죽었는지 모른다
몇십 년째 이어지는 벗어날 수 없는 나락
헤어날 수 없는 식은땀의 늪
잠들 수 없는 불면의 나날

꿩꿩 장서방*

꿩꿩 장서방 뭘을 먹고 사느냐
아로롱이 바지에 아로롱이 저고리에
백명주 동전 달고 자주명주 몸에 차고
꺽꺽 주워 먹자 꺽꺽 주워 먹자
삼년 묵은 팥 그루에 오년 묵은 콩 그루에
둠신둠신 주워 먹더니
아버지는 노랑개가 맞혀가고
서방은 검은개가 맞혀가고
오라방은 산전에 들어 죽었구나
내 팔자여 내 사주여 이 원정을 어디가 들리
어느 새에 일 년이 다 가 소상대상 돌아오니
애야 큰아들아 상제질 잘 허라
내 손님 조문 왐져 솔개 날아와서
큰아들 확 차가부난 내 팔자여 내 사주여
셋아들아 손님 온다 상제질 잘 허라
셋아들은 까마귀 와서 오꼿 차가버리니
내 팔자여 내 사주여
이 원정을 어디가 들리

이 원정을 어디가 들리

* 제주도민요, 가락은 동요로써 단순하나 사설은 서방 잃고 자식 잃은 가련한 과부신세를 한탄하는 내용이다.

눈물 밥 한숨 잉걸

내
인생의 반은
눈물 반은
한숨

한숨으로 불 일궈
눈물로 밥 짓네

핏빛
잉걸론
내
가슴 지피며

너희 빨갱이는 공소시효가 없다

20년 장기형을 선고받은 사실이 있고, 석방 후 현재까지도 안정된 생업이 없이 생활이 불안정하고 반공궐기대회 등에 참여치 않는 등 국가시책에 호응치 않고 있으며 과거의 처형이 억울하다는 불만을 포지하고 있는 자인 점을 종합하면 재범할 위험성이 있으므로 보안처분이 필요하다고 인정됨. (보안감찰 청구 전문)

요새는, 어떻게 사냐고 하면, 교회 같은데, 노인복지로 해서, 가면, 점심주고, 돌아다니면서, 얻어먹고, 아침부터 저녁때까지, 시간 보내고, 한 달 수입이라는 건, 수입 없어, 옷이나 신발도, 입고 신을 만한 것들, 주워다가, 그런데, 목숨이 끊어질 때까지, 요시찰인물로,

배상賠償

전정剪定에 잘려나간
수천 수만 나뭇가지 나뭇잎들

아무도 돈 주지 않는다
버려진 채 썩어갈 뿐

죽은 이는 말이 없고
산 이도 곧 말라 죽고

나무만 허우대 좋게 커갈 뿐
속병 든 줄 모른다

아방엔 정이 엇어

애기 울면 걸린다
데껴불라
아방이 말했다
어멍은 차마 그러지 못해
안고 도망가다
눈 속에 푹
파묻혔는데
애기가 울지를 않아
살아났는데
애기가 원 아방신디 가지를 안 해
뭣에 들린 건지
아방 말을 알아들어신지

4 · 3 아니라고 합니다

아니라고 합니다
예비검속은 4 · 3이 아니라고 합니다

영령들이시여
맞습니까?

4 · 3과는 아무런 관계없이 6 · 25에 아무런 이유도 없이 끌려가
정녕 영문도 모른 채 죽어가야만 하셨습니까

그때 트럭에 실려가며 보았던 송악산 산방산
서귀포 앞바다 제주시 산지부두 앞바다 그리고
눈을 들어 보았던 마지막 하늘이
정녕 4 · 3의 모습이 아니셨습니까

이 세상 하직인사 제대로 못한 채
그리운 처가속 이름들 위로 눈물이 뒤범벅될 때
정녕 4 · 3의 호흡이 아니셨습니까

4 · 3은 그렇게 버리고 싶을 때
아무 때나 버릴 수 있는 불모의 유산입니까

영령들이시여
정말, 4 · 3 아닙니까?

꿈을 혼자서 꾸면 꿈에 지나지 않지만 꿈을 모두 함께 나누어 꾸면 반드시 현실이 된다*

— 제주4 · 3평화기념관 소원지 코너에서

아버님, 하늘나라에서 잘 계십니까?
곧 가서 뵙겠습니다!

2MB탄핵
하영♡정민

나쁜쪽바리쉐키들
일본은물아래가라앉는다

무섭다 미국놈
나쁜 놈들 나쁜 데 가라!

한반도의 평화
하루 빨리 통일이 되어라!

항상 우리는 할머니 생각하고 있어요
제가 옆에 있을게요

* 박노해의 시 「꿈을 모두 함께 나눈다면」 중에서

지금은

- 브름 불엉 절 갠 날 시멍/ 천둥 울엉 비 갠 날 시랴/ 원진 돌밤 붉은 날 시멍/ 이 내 가심 환훈 날 시랴 (제주도 민요 '맷돌 방아 노래' 중에서)

우리 식구 열 명이 죽었는데
그래서 우리 집은 망해버렸는데
안 내면 죽인다 해서 쌀 내놓았는데
창칼 맞은 자린 여전히 저려오는데
목숨 질기니까 살아진 것인데
이젠 오몽도 못한 채 창밖만 쳐다보는데
며느린 딸 하나 낳고 도망가버렸는데
지금은 집도 절도 없는데
총 쏘며 죽이는 테레빈 화증나 꺼버렸는데
아들은 마음잡고 살아보려 했는데
창칼 맞은 자린 여전히 저려오는데

그해 겨울의 가족사

봉석아!

봉석아
이 형 원망 하영 햄지이
다 알암서
ᄒᆞ썰만 기다렴시라
나 내려가믄 그때랑
꿩코도 놓으레 ᄀᆞᇀ이 댕기곡
바당에 궤기도 잡으로 가게
기죽지 말앙 요망지게 이서
작산 놈이 잉잉 울지도말곡
어멍 말 잘 듣곡 알암나
폭총이영 연 만들어주켄헌 약속
나 안 잊어부러서
내려가믄 꼭 만들어주마
잘 이시라

형!

언제 올 거 형
형 어시난 어머니 맨날 한숨만 쉬멍
이젠 나도 잘 안 때렴신게
형 언제 올 거
우리 동네선 형 때문에 사람덜 죽엄젠 경 골암서
전엔 다덜 형 좋아허던 사름덜인디
어제도 순경이 왔다가서
형 내놓으렌 어멍을 패대기치당 가서
어멍은 말도 하나 못허고 고배시 다 맞안
난 무서원 담고망에 곱안 봐서
형 언제 올 거
형

어머니!

어머니
죄송허우다
마음 약해지카부덴
간덴 말도 못허연 올라와수다
허주만 호근 나 걱정일랑 허지 맙서
산에도 먹을 거 입을 거 다 이수다
난 잘 이수다
우리 분시어신 봉석인 잘 이신지
이 못난 형 원망 하영 햄실 건디
어머니가 잘 골아줍서
조금만 이시믄 내려갈 거렌
또시 옛날깉이 살아질 거렌
어머니
잘 이십서
나 소식 없어도 걱정허지 맙서
나가 누게 아덜이우꽈
어머니
살암십서

봉진아!

큰아덜 봉진아
이거 무신 세상이고
무신 세상이관데 이추룩 험헌 꼴이고
너 하나만 믿엉 의지허멍 살아와신디
저 봉석이 철딱서니 어신 거
형신디 가켄 찡알대는 거 때리지도 못허고
난 아무상토 안허다
너만 몸 성허게 잘 이시믄 그걸로 된 거여
옷 뜨시게 입엉 댕기고
밥 거르지 말라
세상이사 지 가는대로 둥글어갈 테주만
살앙만 이시라

봉석아!

봉석아 이레 왕 앉아보라
아명해도 넌 일본더레 가야키여
해방전이 나가 살아난 디 아는 사람이 이시난
동네 사람신디 글 써도렌 부탁허크매
그 편지 가졍 일본더레 가라
넌 여기 이시믄 아명해도 안 될 거 닮다
이 어멍이 여러 번 생각허영 허는 거매
울지 말라 작산 것이 뭔 눈물이 경 하냐
공부 잘 허고 시국 패와지걸랑 오라
그때꼬진 모심 독허게 먹엉 살아사 헌다
나 말 알아들엄시냐
고팡 큰 장항 아래 보믄 얼마 돈이 이실 거여
어멍이 어서도 그거 해영 가라
울지만 말앙 이 놈의 새끼야

어머니!

아이고 어머니 이게 뭔 일이꽈
어머니 말 좀 허여봅서
이 개놈의 새끼덜 사람을 어떵 영 악독허게 죽일 수 있나
어머니 나가 원수를 갚으쿠다
난 그놈들을 똑똑히 다 봐두어수다
나가 커그네 그놈덜신디 꼭 그대로 돌려주쿠다
아이고 이젠 어멍도 없고 형도 없고
나 혼자 어떵 살렌 어머니
이젠 집도 다 불 타불고
친척덜도 거즘 다 죽어불고
먹을 것도 하나토 어신디
아이고 어머니 어떵 허믄 되코
저레 가라 이놈의 까마귀덜아
저레 가 저레 가 어멍 신디 오지 마라

□ 발문

제주4·3은 막연한 상생과 추상적 평화가 아니라 현재진행형의 트라우마다.

조성윤(제주대학교 사회학과 교수)

1.

나는 사회학자이지만, 글재주가 없어 문학 창작이나 비평과는 아예 거리를 두고 지냈다. 그런 내가 김경훈으로부터 발문을 부탁받았을때, 거절했어야 하는데 우물쭈물하다가 승낙을 하고 말았다. 얼른 거절하지 못한 가장 큰 이유는 평소 그가 믿을 만한 사람이라고 생각하고 있었기 때문이었다. 평론가나 시인들이 하는 작업을 하려니 난감하지만, 한편으로 김경훈의 시에 대한 사회학자의 생각을 적는 것도 독자들에게 나름대로 의미가 있겠다는 생각도 들어 부족하지만 몇 자 적는다.

김경훈은 제주에서 태어나 제주에서 자랐다. 그는 시를

쓰기 시작하면서부터 지금까지 4 · 3을 테마로 시를 써 왔다. 사람들이 그에게 왜 줄곧 4 · 3만 붙잡고 있느냐고 물어도 말수가 적은 그는 그냥 웃기만 한다. 그리고는 계속해서 4 · 3에 관한 시를 쓴다. 그는 그런 사람이다. 나는 생각한다. 그가 다른 시를 쓸 줄 몰라서, 다른 시를 쓰고 싶지 않아서 4 · 3 시만 쓰는 것이 아니라고. 줄곧 60년 전에 제주에서 벌어졌던 엄청난 비극적인 사건인 4 · 3이 그를 붙잡고 있었고, 아직도 놓아주지 않는 것이라고.

해방 직후 제주도에서 벌어진 좌우익의 대립과 그 과정에서 자행된 대량 학살은 제주도 주민들 대부분에게 결코 씻을 수 없는 상처를 남긴 채, 비극으로 막을 내렸다. 그 뒤 제주 4 · 3의 기억은 오랫동안 제주민들의 의식을 짓눌러왔고, 지금도 짓누르고 있다. 많은 사람들이 4 · 3 당시의 대학살의 비극을 단지 말로만이 아니라, 몸으로 되새긴다.

그의 시에서는 잘 다듬어진 말투를 보기 어렵다. 멀찌감치 떨어져서 사태를 읽는 기자들의 자세도 아니다. 대신 고통 받다 죽어간 자들의 넋이 그의 몸을 통해 우리에게 전해져 온다. 그가 느끼기에는 4 · 3때 죽어간 넋들의 한이 풀리지 않은 채 아직도 살아남은 자들과 그 아들딸에게 전해져 왔음을 말한다.

김경훈이 자신의 생각을 직접 드러내는 경우는 드물다. 대신 그의 시에는 많은 사람들이 등장한다. 4 · 3 당시에 학살당한 사람들, 경찰과 군대에 의해 이웃을 죽이라고 강요

받고 죽일 수밖에 없었던 사람들, 도망을 다니다 간신히 살아난 사람들, 육지 형무소에 끌려갔다가 살아 돌아온 수형자들, 밀항선을 타고 몰래 도망가다 죽은 사람들, 간신히 살아 부산으로, 일본으로 도망간 사람들. 그들이 제각기 자기가 경험했던 상황과 자기 느낌을 말한다. 그들이 토해내는 이야기를 듣고 있으면, 가슴이 답답해지고, 나 자신도 그들과 함께 결코 헤어날 수 없는 수렁에 빠져 허우적대는 것 같아 섬뜩한 생각마저 든다.

그들의 아픔은 결코 4·3 당시에서 그치지 않았다. 그 뒤 계속해서 살아남은 자들에게는 '빨갱이' 라든가 '폭도 새끼' 라는 낙인이 찍히고, '사람으로 인정을 해주지 않았다'. 그렇기 때문에 '차라리 죽는 게 훨씬 나았다' 는 절규도 나올 수밖에 없었다.

김경훈의 시에는 4·3의 '트라우마(trauma)' 가 자주 등장한다. 트라우마란 충격적인 일을 당하면서 생긴 정신적인 상처를 말한다. 트라우마는 시간이 흐르면서 서서히 약해지지만, 주기적으로 재발하며, 많은 경우 죽을 때까지 사람을 괴롭힌다. 그런데 제주에서는 트라우마가 개인적인 차원에서가 아니라 제주도민 대부분에게 남아 있으며, 우리는 그것을 4·3의 '집단 트라우마' 라고 부른다. 그는 4·3 당시에 토벌대에 의해 자행되었던 학살, 강간, 구타 속에서 죽지 못해 살아남아 질긴 목숨을 이어왔던 제주도민의 고통을 온몸으로 받아, 그것을 그대로 토해낸다. 많은 제주도민들이 지금까지도 매일 밤 악몽에 시달린다. 죽창에 찔리는 꿈, 도망 다니다가 막다른 곳에서 허우적거리는 꿈, 서청과 경찰의 악랄함에 몸서리치는 꿈들이 계속해서 사람들을 괴롭힌다. 마루 밑에 숨어 있다가 간신히 목숨을 건지면서 자기만 버리고 도망갔던 가족들을 평생 증오하면서 살아온 이도 있다. 이렇게 엄청난 정신적 상처를 입은 이들이 환청에 시달리고, 악몽에 시달리며 평생을 살아왔다.

4·3 학살 당시에 현장에 있었던 주민들이 많았다. 그들은 경찰에 의해서 폭도로 지목된 자들을 죽이도록 강요받았다. 그리고 성담이 쌓이고 산사람들이 확실하게 주민들에게서 격리된 이후에, 경찰과 군대는 토벌 수색 과정에서 주민들에게 죽창을 들고 앞장서게 했다. 그러다가 산사람이 붙잡히면 그들은 주민들에게 그들을 죽이도록 시켰다. 4·3이 끝난 다음에 그들은 자기 손으로 주민을 죽인 경험, 기억을 가슴속에 묻어둘 수밖에 없었다. 그러고 오랜 세월을 살았다. 물론 세월이 흐를수록 기억이 서서히 사라져 갔을 것이다. 그러나 문득문득 자기가 죽였던 사람들에 대한 기억 때문에 괴로워하면서 살았을 것이다. 김경훈은 바로 이런 주민들의 마음을 표현하고 있다.

심방은 굿을 하는 동안 자주 죽은 이의 영혼을 불러내 자신의 몸을 통해서 굿에 참석한 가족들과 만나게 한다. 그러면 죽은 영혼은 가족들에게 자기가 어떻게 죽었는지, 어떤 점이 억울한지, 무엇을 해 주면 좋겠는지를 구구절절 이야기한다. 그러면 가족들은 심방을 통해 죽은 자들을 만나고, 기억을 되살리고, 죽은 영혼이 자신들과 여전히 이어져 있음을 실감한다. 김경훈의 시에 등장하는 많은 사람들은 자신들이 하고 싶은 말을 김경훈의 입을 통해서 하고 있다. 그것은 어쩔 수 없는 상황 속에서 무력하게 죽어갈 수밖에 없었던 억울함이고, 자신의 신세를 한탄하는 넋두리이다. 우리가 읽고 있는 김경훈의 시 하나하나는 그들의 넋두리이고, 그들이 현실을 보는 창이다. 그런 점에서 그는 이 시대의 심방이다.

2.

그의 시를 읽고 있으면, 김경훈은 2000년대를 살고 있는 시인이 아니라 4 · 3이 일어났던 당시 그 현장에 머물러 있다는 느낌을 자주 받는다. 4 · 3의 진상을 파헤치고, 밝은 대낮 세상에 알리고 싶은 김경훈은 시를 통해서 4 · 3 당시에 일어났던 일을 그대로 우리에게 전달하려고 한다. 그런데 막상 그의 시를 읽는 나는 그가 4 · 3의 현장에 머물러 있으면서 우리에게 통신을 보내오고 있는 것이라는 착각마저 하게 된다.

그럼 도대체 누가, 어떤 세력이 이들을 고통과 죽음으로 몰아넣은 것일까? 그의 시에는 미군과 경찰, 그리고 서청이 자주 등장한다. 반면 군인들은 거의 찾아보기 어렵다. 4 · 3

양민학살은 대부분 한국군이 본격적으로 중산간 마을 소개 작전을 전개한 1948년 가을부터 1949년 봄까지 이루어졌다. 따라서 가장 많은 양민학살이 한국군에 의해서 이루어졌다고 할 수 있을 텐데, 그의 시에 한국 군인들보다 미군, 경찰, 서청이 더 자주 등장하는 이유는 무엇일까?

대량학살의 주체는 막연하게 말하면 국가다. 하지만 국가를 구성하는 것은 정부와 그 에이전트로서 군대와 경찰이다. 4 · 3 당시 실제로 군대가 진압의 주체였다. 그리고 그들은 경찰과 서청(서북청년단)을 앞장 세웠다. 그리고 4 · 3이 본격적으로 시작되기 전부터 제주도민들은 줄곧 경찰과 서청 단원들로부터 괴롭힘을 당했고, 제주도민들이 4 · 3 때 가장 많이 접촉하고, 실제로 괴롭힘을 당했던 것은 서청 단원들과 일선 경찰관들인 것이다. 그런 점에서 살아남은 제주 사람들의 넋두리에 서청과 경찰관들이 가장 많이 등장하는 것은 당연하다.

그의 시가 어두운 면만 보고 있는 것은 아니다. 군대와 경찰, 서청 단원들이 빨갱이를 색출한다는 미명하에 마을을 불태우고, 주민들을 끌어내 집단 학살하던 시대에, 제주도민들을 조금이라도 살려내려고 용기를 냈던 사람들을 기억해낸다. '몰라 구장' 이나 '문형순 성산포경찰서장' 과 '지미둥이라는 이북 순경' 처럼 순경들 중에서 그래도 주민들 사정을 알고 주민들이 죽을 지경에 처했을 때 살려준 사람도 있었다. 이들이 있었기에 그래도 제주 사람들은 다 죽은 목숨을 살려내 삶을 계속할 수 있었다.

그렇다면 미군은 왜 등장하는가? 대부분의 연구자들은 이승만대통령이 계엄령을 선포하고, 빨갱이를 진압한다고 파견된 군대와 경찰이 진압에 앞장섰지만, 미군이 그 뒤에서 동향을 보고 받고, 지시를 내리면서 4 · 3 비극을 주도했다고 생각한다. 그런 점에서 4 · 3 진압의 주체를 미군으로 보는 입장은 가능하기는 하지만, 아직 뒷받침할 만한 증거자료들을 충분히 찾아내지 못했고, 관련된 논의가 본격적으로 이루어지지도 못했다. 그런데도 그의 시에는 미군이 등장한다. 그 미군은 4 · 3 당시만이 아니라, 효순이 미선이가 탱크에 치여 죽었을 때도 나타난다. 4 · 3은 지나갔지만, 4 · 3의 배후인 미군은 지금도 한국 땅에 주둔하고 있고, 과거나 지금이나 한국민들에게 점령자로 엄연히 존재한다고 본다. 그리고 그들에게 빌붙어 동포를 팔아먹으면서 호위호식하는 자들이 이 땅에서 활개치고 있다고 고발한다. 미국이 정말 4 · 3의 배후였는지 아닌지는 중요한 문제가 아니다. 중요한 것은 그가 미국의 존재가 60년이 지난 지금도 여전히 한국 사회 안에서, 우리의 의식을 지배하고, 우리의 생활을 규정하고 있다고 느낀다는 점이다.

3.

그동안 4 · 3을 해결하기 위해서 많은 사람들이 노력을 기

울여왔다. 우리는 그것을 '사삼 운동'이라고 부른다. 유족회가 만들어져 유족들의 목소리를 결집시켰고, 4·3관련 연구소와 운동 단체들이 구성되어 힘을 합쳤다. 21세기 들어서면서 '4·3 진상조사와 희생자 명예회복에 관한 특별법'이 제정되었고, 유족들로부터 희생자 신고를 받고, 진상조사를 거쳐 조사보고서를 국가 공식문서로 발간하였다. 게다가 대통령이 국가가 저지른 대량학살에 대해 공식 사과까지 했다. 4·3평화공원이 건설되었으며, 위령제단은 물론 자료관도 작년에 개관하였다. 이제는 해마다 4·3 때만 되면 옛날에는 상상할 수 없었던 돈을 정부로부터 받아서 개최하는 행사도 무척 화려해졌다. 국비를 받아서 유해발굴사업도 하고 있고, 제주도 당국이 알아서 4·3 유적지 정비사업도 진행하고 있다. 그래서 이제는 많은 사람들이 4·3은 어느 정도 해결되었으며, 억울함이 상당히 풀렸다고 말한다. 정부 당국자들이나 도지사도 이제는 화해와 상생의 길로 다함께 손잡고 나가자고 호소하고 있다.

그런데도 그의 시는 여전히 4·3 당시의 아픔을 그대로 내 보이고 있다. 4·3 당시의 고통을 안고 죽지 못해 수십 년의 세월을 살아온 제주도민들의 기막힌 삶이 그대로 담겨 있다. 그의 시에서는 화해, 상생, 평화라는 단어를 찾아보기 힘들다. 답답할 정도다. 왜 그럴까? 2000년대 이전에 쓴 시라면 모르되, 지금 이 시점에서는 좀 부드럽고, 화해와 상생을 모색하는 밝은 시를 쓸 수는 없는 것일까?

적어도 그가 느끼기에는 4·3의 아픔은 아직도 해결되지 않았다. 말하자면 4·3의 어두운 기억을 걷어내고 맑은 하늘을 보았다고 말하려면 아직 멀었다. 지난 과거를 씻기 위해 특별법도 만들고, 희생자 신고를 받고, 진상조사보고서도 발간했고, 대통령이 사과까지 했지만, 4·3의 어두운 그림자가 아직도 한국사회 전체에, 그리고 제주도민들의 가슴 속에서 지워지지 않고 그대로 있다고 보고 있는 것이다. 김경훈의 시는 이러한 4·3에 대한 인식을 바탕으로 한다.

그가 볼 때, 4·3은 해결되지 않은 채 여전히 현재진행중이다. 그의 시 '정작 부친은' 과 '신고-신고철회-재신고-그 다음은?' 에서는 사삼운동에 적극 참여하고, 아버지의 명예회복을 위해 발 벗고 뛰었던 유족이 아버지가 무장대 간부였다는 이유로 신고를 철회하라는 요구를 받았고, 4·3공원 위패 봉안소에 모셔 놓았던 위패도 철거당했다고 증언하고 있다. 이들의 목소리는 4·3의 진상이 모두 밝혀지고 명예회복이 이루어진 것이 아니라고 말하고 있다. 국가는 이른바 무장대를 희생자에서 제외한다는 기준을 마련했고, 이 때문에 희생자로 신고한 사람들 중에 수십 명이 군대, 경찰과 맞서 싸우던 자라는 이유로 심사에서 탈락했다.

1995년 오키나와 평화기념공원에 세워진 '平和의 礎' 에는 가해자 피해자 구분 없이 오키나와전의 모든 희생자 명단이 들어 있다. 이를 둘러싸고 논란도 많았지만 그대로 받아들여졌다. 그것은 그들 모두가 역사의 희생자라는 관점이었다. 이렇게 모두를 감싸 안는 자세는 진정한 평화를 향한 자세라는 점에서 높은 평가를 받았다. 하지만 제주 4·3평화공원에서는 이것이 불가능하다. 4·3평화공원은 가해자들은 들어가지만 피해자 중에서 일부는 배제하는 방식으로 진행되고 있기 때문이다. 군대와 경찰의 4·3 인식과 태도는 60년 전이나 지금이나 거의 달라진 것이 없다. 그들은 4·3은 빨갱이들이 일으킨 폭동이며 양민 대부분이 빨갱이였다고 보는 시각을 바꾸지 않았다. 그들은 자신들이 속한 조직이 저지른 잘못을 인정하지 않고 드러나는 사실을 애써 감추려 했으며, 자신들과 싸웠던 자들을 철저하게 제외한 것이다.

물론 김경훈이 지적한 신고 철회 문제 말고도 4·3 당시 부상당한 후유장애자 문제, 4·3기념재단의 설립과 운영 문제를 둘러싼 유족회와 사회단체의 대립 문제 등 많은 문제가 해결되지 않은 채 그대로 쌓여 있다. 게다가 군사기지를 설치하려는 해군과 해군을 도와서 군사기지 설치 계획을 무리하게 밀어붙이는 도당국의 태도를 보면서 우리는 4·3의 비극을 통해 아무런 교훈을 얻지 못하고 역사의 수레바퀴를 다시 돌리려는 지배세력의 음모와 무지를 본다.

이러한 상황에서 김경훈은 4·3이 올바로 해결되는 방향을 다음과 같이 제시한다. 4·3의 올바른 해결을 위해 당시에 좌우 이념적 대립 속에서 발생한 무장대의 봉기를 재평가하고, 그들이 단순한 폭도가 아니었으며, 그들의 저항이 엄청난 비극을 초래했지만, 그들은 "옳은 일을 옳지 않게 하는 것들에 맞서/ 옳지 않은 일을 옳게 만들어간 죽음들"이었다고 생각한다. 그렇기 때문에 4·3에 올바른 이름을 부여할 것을 강조한다. 이제 사삼운동은 국가, 군대, 경찰과의 적당한 타협선을 찾아서 양민의 명예회복을 추구하다가 서서히 힘이 빠져가고 있다. 그렇기 때문에 그가 말하는 '정명(正名)' 역시 요원하다.

4.

그는 그 자신을 드러내 보이려고 하거나, 멋을 부리려 하지 않는다. 다른 이들이 세련된 화려한 글쓰기를 통해 사람들에게 자신의 능력을 과시하려 하는 것이 흔한 일일진대, 그는 심하리만치 투박하게 시가 나간다. 왜 그럴까? 그가 세련된 글쓰기를 할 능력이 없는 것일까? 아닌 것 같다. 그 보다는 4·3 때 죽은 영혼들이 그를 붙잡고 있고, 죽지 못해 살아남은 자들의 어두운 그림자 때문에 살아남은 자들이 그의 입을 통해 자신들이 하고 싶은 말을 어렵사리 하고 있으며, 그런 사람들이 주변에 많이 남아 있다고 생각되는 한 그는 다른 시를 쓰지 못하고 있는 것이다.

그와 함께 2002년 광주 비엔날레를 관람한 적이 있다. 출품한 작가들은 기존 형식을 답답해했고, 현대사회에서 인간들이 처한 현실을 드러내 보여주고 싶어 했다. 전시 작품들은 기존 예술의 틀을 깨고 새로운 형식에 자신들의 목소리를 담으려고 실험을 거듭했다. 물론 대부분 실험에서 그쳤을 뿐 별로 성공적인 것은 찾기 어려웠지만. 혹시 그도 그가 쓰고 있는 시의 형식, 틀이 답답했던 것은 아닐까? 그가 표현하려는 사람들의 이야기가 생생하게 읽는 이들에게 전달되기를 바랐기 때문에 틀을 뛰어 넘어 나가려 했던 것은 아닐까 생각했다.

나는 김경훈의 시를 통해서 4 · 3의 현장에서 살아남은 자들과 그 유가족들의 육성을 듣는다. 그리고 그들의 트라우마가 해결되려면 멀었다는 생각을 하게 된다. 하지만 막연한 상생과 추상적 평화를 주장하는 소리가 만연한 세상에서, 4 · 3은 여전히 해결되지 않았다고 우리들의 의식을 일깨우는 김경훈의 시야말로 이 시대 우리가 갖고 있는 소중한 재산이자 미래로 나아갈 수 있도록 해주는 열쇠가 아닐까 싶다.

제주4·3의 원석을 캐는 시대정신

김경훈의 시는 4·3을 통해 사람 사는 세상의 인정을 말하고픈 강렬한 이미지이며 간결하고 진솔한 메시지다. 그래서 세고, 거칠고, 너무 슬프다. 4·3 학살의 현장을 고발하는 그의 증언시(證言詩)는 잔인하게 직정적(直情的)이다.

왜냐면, 그의 시는 "…남자 하나가 낫으로 여자의 목을 잘랐다. 목을 죽창으로 꿰어 등에 걸치고 다녔다…" 이처럼 시로 적은 증언이 고발하는 목격담은 증언자에게서 들은 걸 제주말로 또박또박 적고 있을 뿐인데 너무 아프고 생생하다. 신들린 사람처럼 무섭다. 돌밭을 골갱이로 긁는 어미의 사데소리처럼 저주스럽다.

아, 바람처럼 살다 간 사람들의 기막힌 기록이 사방에서 도깨비불처럼 번뜩인다. 그렇다. 김경훈의 시정신은 솔직히 말하는 용기, 원석을 다루는 진짜 촌스러운 제주 돌챙이의 배짱이다.

나는 정말 김경훈을 통해 4·3문학이 현기영의 소설에서 김경훈의 시로, 아버지 대에서 손자 대로 이동하고 있음을 직감한다. 김경훈의 작업은 그래서 가치가 있다.

– 문무병(제주작가회의 회장·시인)